LES
NOCES D'OR

DE

M. L'ABBÉ MARTIN

Curé de Saint-Gilles

Chanoine honoraire de la Cathédrale d'Amiens

CÉLÉBRÉES A ABBEVILLE

LE DIMANCHE 28 AVRIL 1889

ABBEVILLE

IMPRIMERIE C. PAILLART

24, rue de l'Hôtel-de-Ville, 24

—

1889

LES
NOCES D'OR

DE

M. L'ABBÉ MARTIN

Curé de Saint-Gilles

Chanoine honoraire de la Cathédrale d'Amiens

CÉLÉBRÉES A ABBEVILLE

LE DIMANCHE 28 AVRIL 1889

ABBEVILLE

IMPRIMERIE C. PAILLART

24, rue de l'Hôtel-de-Ville, 24

—

1889

A Monsieur l'Abbé MARTIN

NÉ EN 1815

ENTRÉ AU GRAND-SÉMINAIRE EN 1834

NOMMÉ PROFESSEUR A SAINT-RIQUIER EN 1838

ORDONNÉ PRÊTRE EN 1839

PROFESSEUR DE RHÉTORIQUE, DE 1842 A 1861

NOMMÉ CHANOINE HONORAIRE EN 1853

CURÉ DE SAINT-GILLES DEPUIS 1861

Hommage de respectueuse affection

A. DESSUILLE,

Prêtre,

Vicaire de Saint-Gilles.

Abbeville, Mai 1889.

Le 28 avril 1889, Dimanche de Quasimodo, Monsieur l'abbé Martin, curé de Saint-Gilles d'Abbeville, célébrait solennellement le cinquantième anniversaire de son ordination sacerdotale.

Partout et toujours, c'est une cérémonie bien touchante que celle d'une cinquantaine. Dans les familles, quelle joie pour les enfants de voir les *noces d'or* de leurs parents bien aimés! Quelles actions de grâces au Dieu d'Abraham, d'Isaac et de Jacob, qui réalise pour des époux chrétiens les vœux formés par l'Eglise au jour de leur mariage : « Puissiez-vous voir les enfants de vos enfants jusqu'à la troisième et la quatrième génération et arriver tous deux à une heureuse vieillesse ! »

Ces sentiments de joie et de reconnaissance, l'Eglise veut que la grande famille de ses ministres les partage, elle aussi. L'ordination sacerdotale, n'est-ce pas l'union mystique, les noces spirituelles du prêtre avec la sainte Eglise ? et comme elle est heureuse et fière, cette noble épouse, de dire bien haut sa joie et ses actions de grâces pour cinquante années d'une union que le ciel a fécondée par des fruits nombreux de salut ! Aussi a-t-elle voulu perpétuer la mémoire de certaines ordinations, qui ont été pour elle plus spécialement glorieuses et fécondes.

Nous lisons dans le Martyrologe Romain :

Au 3 septembre : « à Rome, ordination d'un homme incomparable, Saint Grégoire-le-Grand, qui, élevé malgré lui sur le trône pontifical, illumina tout l'univers des rayons de sa sainteté. »

Au 7 décembre : « à Milan, ordination de Saint Ambroise, Evêque et Docteur de l'Eglise, dont la sainteté et la science font l'honneur de l'Eglise universelle. »

C'est donc entrer pleinement dans l'esprit de l'Eglise Catholique, que de célébrer solennellement le *jubilé sacerdotal* des prêtres à qui Dieu permet de fournir une aussi longue carrière.

Tels étaient les sentiments qui inspiraient le clergé et les paroissiens de Saint-Gilles, lorsqu'ils sollicitaient leur pasteur de vouloir bien consentir à une cérémonie solennelle. Longtemps, Monsieur le Curé hésita ; plus que personne, il voulait dire à Dieu son bonheur et sa reconnaissance ; mais il reculait devant l'appareil d'une fête publique. A la fin cependant, il dut céder à nos instances et il n'y eut plus qu'à fixer le jour de la cérémonie.

Monsieur le Curé ayant été ordonné prêtre le Samedi-Saint de l'année 1839, l'anniversaire exact de sa première messe eût été le Dimanche de Pâques, mais pour ne pas distraire les esprits et les cœurs des joies de la Résurrection, Monsieur le Curé choisit de préférence le Dimanche suivant, 28 avril.

A peine cette décision était prise que chacun fut désireux de donner à Monsieur le Curé un témoignage d'affection et de reconnaissance. Le Conseil de fabrique crut répondre à ce désir en faisant à domicile une quête dont le produit serait offert à Monsieur le Curé comme le cadeau de Noces d'or que les enfants offrent à leurs parents.

Mais quelle forme donner à ce cadeau? L'embarras ne fut pas de longue durée ; Monsieur le Curé, interrogé sur ce point, déclina toute espèce de présent pour son usage personnel, et exprima le désir qu'on l'aidât à achever les travaux de son Eglise.

« L'état de la chapelle Saint-Joseph me fait peine, nous dit-il ; les toiles de Monsieur l'abbé Dergny commencent à souffrir beaucoup, et il est temps d'y travailler, si l'on veut les conserver : je serais bien heureux, si je pouvais cette année terminer la décoration de cette chapelle. »

Le Conseil de fabrique et la Paroisse se firent un bonheur de répondre à un vœu si désintéressé, et la somme nécessaire fut bientôt recueillie. Toutefois les travaux ne pourront être exécutés que dans les

beaux jours et après les grandes fêtes de la Première
Communion et du Saint-Sacrement, et on aurait
voulu que, pour le jour même de la cérémonie, il y
eût dans l'église quelque témoignage expressif de
la joie de la paroisse et de sa généreuse offrande.
Pour réaliser ce désir, le Conseil de fabrique résolut
de faire poser dans la Chapelle de Saint-Joseph une
pierre commémorative, et en même temps il priait
Monsieur le premier Vicaire de préparer et de lire en
chaire le jour de la fête, au nom de la paroisse, une
adresse à Monsieur le Curé.

La pierre fut posée le samedi, veille de la Cérémonie, sur le mur de la Chapelle de Saint-Joseph,
du côté de l'Epitre, au-dessous de Sainte Véronique
portant la Sainte Face. On y a gravé, en caractères
gothiques, et au milieu d'un encadrement dans le
style de l'Eglise, l'inscription suivante :

A Monsieur l'Abbé MARTIN
Curé de Saint-Gilles
pour son Jubilé Sacerdotal
la Paroisse reconnaissante
a offert l'achèvement de la décoration
de la Chapelle Saint-Joseph
XXVIII Avril MDCCCLXXXIX

Pendant que le Conseil de fabrique et la paroisse
donnaient à Monsieur le Curé ce gage d'affection,
le Clergé de son côté préparait aussi son offrande,
et, le samedi 27 avril, il présentait à Monsieur le
Curé, avec ses félicitations et ses souhaits les plus

affectueux, un splendide missel, relié en maroquin
du Levant, et portant sur la première garde cette
inscription :

XXVIII APRILIS.
Rev. et Dil. Dno
C. Martin,
Sancti Ægidii Abbavillensis Parocho,
Quinquagesimum Presbyteratus annum
Solemniter Agenti,
in amoris pignus,
Clerus parochialis offerebat.

D.D. Dessuille, Pruvot, *Vicarii;*
Caron, Boursin, Dimpre, Mille,
Delarasse, Campistron, de Neuvillette,
familiares et alumni.

Dominica in Albis.

MDCCCLXXXIX.

Tous ces ecclésiastiques font partie, à des titres
différents, du clergé paroissial de Saint-Gilles.

Inutile de parler de Messieurs les Vicaires.

Monsieur l'abbé Caron est actuellement Curé-
Doyen de Saint-Valery ; mais il était vicaire à
Saint-Gilles à l'arrivée de Monsieur le Curé en
1861, et il lui a prêté un précieux concours au début
des travaux de l'église ; depuis son départ, il est
resté de Saint-Gilles et par le cœur et par les rela-

tions ; et il a tenu à en donner une preuve en nous envoyant sa cotisation pour le missel offert à Monsieur le Curé.

Monsieur l'abbé Boursin est natif du diocèse d'Amiens et ancien élève de Monsieur le Curé à Saint-Riquier ; après avoir été, pendant trente-trois ans, curé de Saint-Vrain (diocèse de Versailles), il est venu se retirer à Saint-Gilles auprès de son ancien professeur, pour réparer une santé délabrée. C'est un artiste des plus distingués en matière de sculpture ; il fait parler à son gré la pierre et le bois ; il a laissé à sa paroisse, entre autres souvenirs, deux magnifiques autels en pierre, et maintenant que sa santé est rétablie, il reprend le ciseau, et il travaille en ce moment pour la chapelle des marins de Cayeux.

Les autres ecclésiastiques dont les noms figurent sur l'inscription du missel sont plus spécialement encore enfants de Saint-Gilles.

Monsieur l'abbé Dimpre, aumônier de l'Hospice général d'Abbeville, Monsieur l'abbé Mille, aumônier des Carmélites, et Monsieur l'abbé Delarasse, curé du Mesnil-en-Arrouaise, sont nés sur la paroisse et ont dit leur première messe à Saint-Gilles, depuis l'arrivée de Monsieur le Curé.

Monsieur l'abbé Campistron, professeur à Saint-Stanislas, a aussi célébré sa première messe à Saint-Gilles l'année dernière, et dans un an, ce sera le tour de Monsieur l'abbé de Neuvillette, qui sera ordonné sous-diacre à la Trinité prochaine.

Nous avons rappelé les deux cadeaux les plus importants offerts à Monsieur le Curé pour ses noces d'or ; ce ne sont pas les seuls, mais nous n'osons pas en citer davantage, dans la crainte de devenir fastidieux ou indiscrets. Cependant nous croyons devoir une mention particulière aux employés d'église, qui ont tenu, eux aussi, à faire à leur Curé une offrande spéciale.

Enfin se leva le beau jour dont on parlait depuis si longtemps. Le ciel, sans être des plus radieux, fut cependant assez favorable pour nous permettre de nous rendre en procession au presbytère et d'amener solennellement à l'église le vénérable Pasteur.

À neuf heures précises du matin, la procession sortait de l'église et se mettait en marche. Derrière la croix et les acolytes, venaient, escortant les différentes bannières et sous la conduite des Dames de la Providence, les jeunes filles de l'école et de l'ou_vroir, vêtues de leurs robes blanches ; elles avaient répondu avec empressement à notre invitation, et, malgré l'heure matinale, pas une ne manquait au départ de la procession.

Après elle, la musique du Comptoir linier. Là encore, il n'y avait eu qu'un mot à dire, et ces excellents musiciens, rivalisant d'ardeur avec leur chef si dévoué et si sympathique (1), étaient heureux de payer leur part d'affectueux hommage à leur Curé, et de prêter à cette fête de famille leur généreux concours, qui donne aux grandes solennités de Saint-Gilles et surtout à nos processions du Saint-Sacrement ce caractère unique, d'imposantes manifestations mêlées d'un religieux entrain.

(1) Monsieur Delepierre, directeur du Comptoir linier.

Nous remarquons aussi un grand nombre de Religieuses de Saint-Vincent de Paul, de l'Hospice général, dont la présence ajoute un élément nouveau à l'étendue et à la beauté du cortège.

Puis, pour fermer la marche, un clergé nombreux dans lequel nous comptons d'abord tous les ecclésiastiques dont les noms sont gravés sur le missel, sauf Monsieur le Doyen de Saint-Valery, retenu chez lui par la cérémonie de la confirmation ;

Un Révérend Père Eudiste ;

Monsieur l'abbé Floury, Curé de Saint-Jacques ;

Monsieur le Supérieur de Saint-Stanislas ;

Monsieur le Supérieur du Petit-Séminaire de Saint-Riquier ;

Monsieur le Doyen du Saint-Sépulcre ;

Monsieur l'Archiprêtre ;

Enfin, monsieur l'abbé Hénocque, Doyen du Chapitre, ancien Supérieur de Saint-Riquier, précédé de Messieurs Dimpre, Mille et de Neuvillette faisant les fonctions de diacre, sous-diacre et cérémoniaire.

De chaque côté de la rue se presse sur les trottoirs une foule sympathique et émue, formant à son digne Curé une haie d'honneur. Le coup d'œil que présente cette procession, la joie qui brille sur tous les visages et qui s'exprime si bien par les accents harmonieux de la fanfare du Comptoir linier, tout cela parle déjà au cœur et fait monter aux yeux de plus d'un témoin une larme d'émotion.

On arrive au presbytère ; le vénérable cinquantenaire apparaît sur le seuil, revêtu de la chape, et portant un cierge, comme au jour de sa première messe. Il reçoit de la main même de Monsieur le Doyen du Chapitre l'aspersion d'eau bénite et les encensements d'usage ; puis l'on se remet en marche vers l'église, le sous-diacre portant solennellement le missel offert par le Clergé.

Derrière Monsieur le Curé s'avancent :

Monsieur le Comte de Galametz, président du Conseil de fabrique ;

Messieurs H. van Robais, de Neuvillette, Blain et Bellart, membres du Conseil ;

La sœur de Monsieur le Curé, et son mari, Monsieur Lesur, de Saint-Omer, avec leurs enfants ;

Et d'autres membres de la famille, de Doullens, de Saint-Riquier et d'Abbeville ;

Enfin, la foule des fidèles qui s'étaient portés au devant de leur pasteur.

A l'entrée de l'église, la fanfare se tait pour laisser la parole à l'orgue. L'orgue est bien, en effet, le roi des instruments religieux, surtout quand il est touché par la main d'un artiste aux inspirations vraiment religieuses : nous en avions un ce jour-là : Monsieur Petit, organiste du Saint-Sépulcre, dont la paroisse Saint-Gilles apprécie d'autant mieux le talent, qu'il a formé pour notre orgue, depuis quelques années, deux excellents élèves : Mademoiselle Godard, que nous regrettons encore, et Monsieur Louis Gorrier, qui promet de devenir un organiste distingué.

Cependant Monsieur le Curé, arrivé à l'entrée du chœur, s'agenouille un instant pour offrir sa prière à Dieu ; et bientôt il se retourne vers la chaire, d'où Monsieur le Vicaire lui lit, au nom de la paroisse, une adresse conçue en ces termes :

Monsieur le Curé,

« Votre modestie aurait voulu célébrer devant Dieu seul, dans le silence et la prière, le cinquantième anniversaire de votre ordination sacerdotale et de votre première messe ; l'amitié de vos confrères, l'affection si dévouée des membres de votre Conseil de fabrique, la piété filiale de vos paroissiens leur ont fait désirer qu'il en fût autrement.

« Depuis vingt-huit ans, Monsieur le Curé, vous avez été vraiment pour cette paroisse le bon pasteur : vous avez dépensé pour elle la meilleure part de votre vie sacerdotale ; vous lui avez donné un temple dont elle est fière et qui ravit par sa richesse l'admiration de ses visiteurs ; et, après avoir tant fait pour vos paroissiens, vous n'avez pas d'autre ambition que de leur consacrer encore le reste de votre carrière.

« La paroisse, Monsieur le Curé, ne pouvait oublier ni demeurer insensible ; aussi elle a voulu donner à cette fête de famille la plus touchante solennité ; elle a été heureuse de vous faire une offrande qui vous permît de poursuivre l'œuvre que vous avez déjà menée si loin, et qu'elle compte bien vous voir achever ; et, non contente de vous exprimer par ma voix son amour et ses vœux, elle a confié à la pierre le soin de redire à tous les âges et sa reconnaissance envers vous et sa joie en un si beau jour.

« Maintenant, cher et vénéré pasteur, montez à l'autel ; les prières de votre peuple vous y accompagneront ; et pendant que nous demanderons tous à Dieu de vous conserver encore de longues années parmi nous et de donner à votre vieillesse les joies et les consolations que vous méritez si bien, vous nous porterez dans votre cœur, vous penserez à tous vos amis, à tous vos enfants, et vous appellerez sur nous les meilleures bénédictions du Ciel. »

Monsieur le Curé s'avance ensuite vers l'autel, il entonne d'une voix émue le *Veni Creator*, et bientôt après la Messe commence.

A l'Évangile, Monsieur l'Archiprêtre monte en chaire et y prononce une touchante allocution dont nous sommes heureux de pouvoir reproduire quelques passages :

« *Tu es sacerdos in æternum.* »

« MES FRÈRES,

« L'éclat et la pompe de cette manifestation touchante, les sentiments si beaux qui l'ont inspirée, votre empressement à y prendre part, tout devrait me saisir, me pénétrer d'une vive émotion et faire vibrer ma voix et mon cœur à l'unisson de vos cœurs reconnaissants. Vous ne comprenez pas qu'il en soit autrement, et vous avez raison ; et pourtant, je dois l'avouer, des circonstances particulières emportent ailleurs ma pensée : car la présence de ces hauts dignitaires qui entourent Monsieur le Curé de Saint-Gilles fait revivre pour moi le passé. Il est là devant moi et plein de vie, ce passé qui a fait la joie, les délices, le bonheur de mon enfance et de ma jeunesse sacerdotale. Il s'offre à moi avec des charmes si puissants que, malgré moi et contre votre attente, je ne puis en détourner mes regards ni lui refuser ma première pensée, ma première parole.

« Saint-Riquier ! nom impérissable dans le cœur de ceux qui l'ont connu tel que vous l'avez fait, Monsieur le Doyen du Chapitre. Saint-Riquier, Monsieur le Supérieur, avec votre premier collègue, avec celui qui était un autre vous-même, vous l'aviez fait si grand, si beau, que nous l'aimions de tout notre cœur : vous étiez tous deux, par vos conseils et vos exemples, la lumière de notre vie ; vous étiez les liens doux et puissants de l'union vraiment fraternelle qui régnait entre nous, vos aides, vos coadjuteurs, et tous nous estimions comme un bienfait d'avoir été appelés à débuter dans la carrière sacerdotale, sous votre sage et paternelle direction ; pour moi, j'en remercie Dieu bien souvent comme de l'une des meilleures grâces qu'il ait daigné m'accorder.

« J'aurais voulu vous dire, Mes Frères, l'influence réelle et féconde que, par son dévouement absolu, Monsieur l'abbé Martin exerça sur de nombreuses générations d'élèves ; j'aurais voulu faire briller à vos yeux quelque rayon de l'éclat dont il a environné la chaire de Rhétorique, et faire arriver jusqu'à vous comme un écho de cette haute et véritable éloquence qui, pendant de longues années, a charmé de nombreux disciples et les a formés à l'art de bien dire. Mais, je le sens, vous me priez d'oublier le sage et prudent directeur, le brillant professeur, pour ne plus me souvenir que de Monsieur le Curé de Saint-Gilles. Je le fais d'autant plus volontiers qu'en répondant à vos désirs j'aurai une fois de plus l'avantage de suivre l'exemple de mon vénéré maître.

« Depuis vingt-huit ans qu'il est au milieu de vous, qu'il s'est donné à vous, il a tout oublié pour ne se souvenir à cause de vous que de deux choses : la première, qu'il était *prêtre*, la seconde, qu'il était *curé*. »

Ici, Monsieur l'Archiprêtre, commentant l'étymologie du mot prêtre, *Sacerdos, quasi sacra dans*, nous montre le ministre de Dieu, communiquant aux âmes toutes les choses saintes, toutes les grâces du ciel, par l'administration des sacrements, par la prière incessante, par la sainte Messe, par la sainte Communion, et par la prédication de la parole de Dieu ; et il termine ce brillant tableau en s'écriant :

« Oh ! qu'elle est magnifique la mission du prêtre chargé de donner Dieu aux hommes !

« O mains vénérables, pendant cinquante ans vous avez porté Dieu ! O lèvres saintes, pendant cinquante ans vous vous êtes agitées sous le souffle de Dieu qui se reposait sur vous et que vous donniez au monde ! O père vénéré ! nous nous inclinons avec respect devant la majesté dont un si haut ministère nous a environné. Nous remercions Dieu qui vous a donné de remplir avec tant de fidélité des fonctions si augustes et si saintes; nous le bénissons de nous avoir rendus témoins de ce beau spectacle qui a réjoui les Anges et les hommes. Nous vous bénissons, nous vous louons, ô Dieu, qui avez permis qu'un si long et si fécond ministère fût tout entier consacré au bien et au salut de nos âmes. O Père vénéré, nous voudrions vous rendre tout ce que vous nous avez donné. Vous nous avez donné Dieu et les choses de Dieu : nous appelons sur vous la paix du ciel, les consolations d'en haut, la joie de Dieu. Que la fin de votre sainte et glorieuse carrière soit calme et paisible ! Qu'elle soit belle comme la fin d'un beau jour, qu'elle soit sereine et radieuse comme l'une de ces brillantes journées d'automne pendant lesquelles le cultivateur recueille les fruits nouveaux des semences qu'il a confiées à la terre.

« Il y a une autre chose que mon vénéré Maître n'a pas oubliée, c'est qu'il est Curé ; mais qu'est-ce qu'un Curé ? Le nom l'indique : Curé, c'est-à-dire *curam habens*. Le Curé à le souci, le soin, la garde de sa paroisse ; sa vigilance doit être incessante, elle doit être de tous les instants et du jour et de la nuit : jamais elle ne doit se ralentir ; après de longues années, il faut que sa vigilance soit aussi tendre, aussi vive, aussi inquiète qu'au premier jour : et cela, parce qu'il est Père et Pasteur.

« Mais qu'ai-je besoin de tant de raisonnements, alors que les faits ont une si haute éloquence ? Pour savoir ce que doit être un Curé dans sa paroisse, ce que Dieu veut de lui, ce que ses paroissiens peuvent en attendre, il me suffit de vous dire : Rappelez-vous ce que vous avez vu ici même depuis vingt-huit ans. »

L'orateur continue en traçant le portrait du Curé selon le cœur de Dieu : uniquement préoccupé des intérêts de sa chère paroisse, se dépensant pour elle, lui donnant tout son amour : amour surnaturel comme celui de Jésus-Christ pour les âmes, amour fort comme la mort, car le bon pasteur est toujours prêt à donner sa vie pour ses brebis. En un mot

« Le Curé ne vit, ne respire que pour sa paroisse, et après vingt-huit ans d'affection, de dévouement et d'amour, il peut dire avec une reine célèbre : Si l'on ouvrait mon cœur, on y trouverait gravés ces deux mots : Saint Gilles ; et ces lettres, gravées dans son cœur, semblables à celles imprimées sur l'écorce des arbres, ne font, avec les années, que devenir plus larges et plus profondes ; elles croissent dans la proportion que le dévouement grandit dans le cœur. »

Enfin, Monsieur l'Archiprêtre en vient à l'œuvre capitale de Monsieur le Curé de Saint-Gilles : la restauration de l'église, et il nous expose tout le plan des travaux exécutés par le vénérable cinquantenaire.

« J'aurais fini, Mes Frères, si l'amour de votre vénéré Pasteur ne s'était manifesté d'une manière particulière. Pressé par son zèle pour la gloire de Dieu et par son amour pour vous, il voulait faire de son église un monument dont les paroissiens de Saint-Gilles seraient fiers, qu'ils aimeraient comme l'on aime toujours ce qui brille de toutes les grâces de la beauté, qu'ils montreraient avec orgueil, que les étrangers visiteraient avec une légitime admiration : un monument qui serait l'un des joyaux les plus gracieux de la magnifique couronne de notre chère cité.

« Ce que vous aviez rêvé, Monsieur le Curé, ce que vous aviez conçu dans ces longues et savantes méditations où vous plongeaient et votre zèle et votre amour, cet idéal, vous l'avez réalisé. Il est là devant nous, plein de vie, de grâce et de beauté : vous l'avez réalisé, non pas comme un artiste vulgaire qui trop souvent ne cherche que des combinaisons heureuses dans lesquelles l'éclat harmonieux des couleurs habilement fondues donne des nuances qui charment les regards et des reflets qui les attirent ; il vous fallait plus que cette satisfaction donnée aux sens, et, reprenant la méthode antique, vous inspirant des procédés des grands maîtres et des véritables artistes qui ne voient dans l'art qu'un moyen d'agir sur le cœur et de parler à l'esprit, vous avez fait une œuvre qui plait aux regards, qui charme les sens, mais qui a un mérite bien plus rare, parce qu'elle est une œuvre d'une grande et haute éloquence, une œuvre qui parle aux yeux, à tous les sens et qui leur dit en un langage inoubliable quelle fut l'action de Dieu sur le monde. En suivant le développement de votre œuvre, nous voyons le progrès de l'action divine préparant à travers les siècles l'établissement de son Eglise ; votre œuvre reproduit devant nous ces grands faits qui ont conduit le monde, comme d'étape en étape, du paradis terrestre à l'effusion de l'Esprit Saint et au jour de la Pentecôte ; elle nous montre aussi comment Notre-Seigneur a maintenu son Eglise pure et sans tache, forte et puissante, pleine de fécondité et de vie jusqu'à nos jours.

« C'est une œuvre d'intelligence, de foi et d'amour

dont la paroisse Saint-Gilles vous remercie et que Dieu récompensera magnifiquement dans l'éternité. — Ainsi-soit-il ! »

Après cette allocution, Monsieur le Curé remonte à l'autel, et nous entendons successivement plusieurs morceaux de musique :

A l'Offertoire, une improvisation charmante de Monsieur Petit, sur le motif connu : *Goûtez, âmes ferventes,* terminée par un cri d'allégresse sur l'air : *Triomphez, Reine des cieux ;*

Après l'Élévation, *un nocturne de Field,* pour violoncelle, que Monsieur Godfroy, notre artiste si goûté, a rendu avec cette ampleur de son, cette délicatesse de sentiment et ce goût parfait que l'on ne se lasse pas d'admirer en lui ;

Enfin, à la Communion, une belle mélodie de Lemmens, que Monsieur Gorrier, notre organiste, a exécutée avec une sûreté qui fait à la fois l'éloge de l'élève et du maître.

Le programme de la cérémonie annonçait pour la fin de la Messe une allocution du héros de la fête ; mais à partir du presbytère et pendant toute la Messe on se demandait si Monsieur le Curé pourrait résister à toutes ses émotions, et ce n'est pas sans crainte qu'on le vit revêtir la chape et s'avancer vers la grille du chœur.

On chantait le Psaume *Conserva me.* Surmontant toutes ses impressions, Monsieur le Curé retrouve sa voix, reprend le *Quid retribuam* qui était le refrain du chœur et se laisse aller avec toute son âme à une de ces improvisations dont il a le secret, et que nous reproduirons aussi fidèlement qu'il nous sera possible.

Après son merci à Dieu, qui lui a ménagé assez de jours pour goûter les grandes joies d'une semblable cérémonie,

Merci au clergé de Saint-Gilles et aux prêtres nés sur la paroisse qui, pour son Jubilé, lui ont donné un doux et précieux moyen de se rappeler chaque jour leur nom au saint autel....

Merci à Monsieur le Vicaire qui, tout à l'heure, s'est fait l'interprète ému des sentiments de toute la paroisse...

Merci à Monsieur l'Archiprêtre, à qui Monsieur le Curé, s'il était encore son professeur, pourrait bien reprocher de s'être trop laissé aller aux élans de sa piété filiale. — Quant à l'église Saint-Gilles dont il a parlé avec tant d'éloges, que toute la gloire en soit à Dieu seul. *A Domino factum est istud... Non nobis, Domine...*

« Comment oublier Saint-Riquier ?... O maison des doux et grands souvenirs !

« O Père, ô vénérable Doyen du Chapitre, comment ne rien faire après vos exemples ? Merci d'avoir bien voulu venir par votre présence ajouter à la joie et à l'éclat de cette fête !

« Merci à Monsieur le Supérieur actuel, si digne de la mission qui lui est confiée ! Que l'ange des vocations lui envoie de nombreux enfants qui rediront après tant d'autres ce que valent sa science, ses soins et son dévouement.

« Merci à ce vieil ami et collègue, Monsieur le Doyen du Saint-Sépulcre, l'homme d'étude par excellence.

« Et Monsieur le Supérieur de Saint-Stanislas, qui fut pour cette maison l'ouvrier de la première heure et qui la dirige avec une sagesse égale à sa fermeté ;

« Et le bon Curé de Saint-Jacques, à la belle église ;

« Et les Révérends Pères Eudistes,

« Et tous ces prêtres, mes anciens enfants et aujourd'hui mes collègues, à eux aussi merci pour leur présence et pour leurs bonnes prières !

« Mes Frères, est-ce là toute l'expression des sentiments dont déborde mon âme ? Oh ! non, non ! Si jamais je me taisais, ce qui est impossible, la parole du prophète s'accomplirait : *Lapis de pariete clamabit !* Oui, elle parlerait, cette pierre qui, dès hier soir, comme prélude de cette fête, par une attention délicate, était placée dans cette chapelle de Saint-Joseph. Elle parlerait, cette pierre, qui sera pour les générations à venir un mémorial de ce que je dois à notre Conseil de fabrique, et à vous, Mes Frères.

« O Membres vénérés du Conseil d'une fabrique souvent aux abois, et qui savez d'autre part me prêter votre généreux concours ; ô bien-aimés paroissiens qui vous associez à tous nos efforts, recevez avec mes remerciements mes plus chaudes félicitations. Grâce à vous, votre église s'achèvera. Merci, ô mon Dieu !

« Mais, Mes Frères, pour un Curé, il n'y a pas que son église, temple matériel : il y a d'autres temples, temples spirituels, vos âmes. Ah ! donnez-moi vos âmes par la sanctification du Dimanche, par l'usage des sacrements, par la pratique des vertus qui font le bonheur de l'individu, de la famille et de la société.

« Dieu veuille réaliser mes vœux en vous bénissant tous !

« Il y a trente-deux ans, dans une audience particulière, je recevais à Rome la bénédiction apostolique de Sa Sainteté Pie IX. — Hier soir, une main amie, celle d'un pèlerin qui nous arrive de Rome et que vous connaissez (1), me remettait l'authentique d'une même bénédiction qu'il avait sollicitée et que Sa Sainteté Léon XIII a bien voulu accorder pour mon Jubilé sacerdotal.

« Riche de cette double bénédiction, je demande au Seigneur d'en étendre les bienfaits à vous tous. Oh ! oui, soyez bénis ! Vénérés confrères dans le sacerdoce, conseillers si dévoués, chères enfants et bons musiciens qui m'avez fait un si beau cortège, paroissiens ici présents et toutes vos familles, soyez bénis ! Plus que jamais votre vieux Curé est tout à vous, et, comme il y a vingt-huit ans en arrivant dans cette paroisse, je vous redirai avec l'Apôtre : *Libentissime impendar et superimpendar ipse pro animabus vestris.* Ce qui me reste de forces et de vie, mon bonheur sera de le consacrer au salut de vos âmes ! »

Monsieur le Curé se rend ensuite à la sacristie avec le Clergé, pendant que la Musique de Monsieur Delepierre exécute un brillant morceau de sortie, et la foule compacte qui remplissait entièrement l'église se retire peu à peu, emportant de toute la cérémonie un ineffaçable souvenir.

(1) Monsieur l'abbé Boursin, dont nous avons parlé plus haut.

Après la Messe, une réunion plus intime eut lieu au Presbytère ; Monsieur le Curé avait invité à sa table le clergé, le conseil de fabrique et les membres de sa famille. Au dessert, plusieurs toasts furent portés, et nous croyons être agréable à tous en les rapportant ici.

Monsieur le Doyen du Chapitre, comme il convenait à son âge et à sa dignité, fut le premier à prendre la parole ; il le fit en ces termes :

« Monsieur et très cher Confrère,

« Un jubilé sacerdotal est un jour bien solennel dans la vie d'un prêtre, d'autant plus digne de vénération pour ceux qui ont joui des bienfaits de son ministère qu'il est plus rare.

« Vous avez reçu de nombreuses et touchantes félicitations de vos paroissiens et de vos dévoués confrères : Monsieur l'Archiprêtre s'en est fait l'éloquent interprète. Cette sympathique assistance voudra bien permettre à un ancien collaborateur de vos premières années de sacerdoce de vous offrir un cordial témoignage d'amitié pour le généreux concours que vous lui avez prêté et dont le souvenir ne s'effacera jamais de sa mémoire. Il se plait à répéter qu'il était environné de confrères aussi dévoués que capables, et qu'il a dû à leur union, à leurs efforts, le bien qui s'est fait au Petit-Séminaire pendant son administration. Vous fûtes, pendant quinze ans, cher confrère, le premier en honneur, en dignité, et vous avez spécialement coopéré à maintenir les bonnes traditions léguées par nos premiers Supérieurs.

« De 1838 à 1861, le Petit Séminaire de Saint-Riquier vous a compté parmi ses plus éminents professeurs. Pendant dix-neuf ans, vous avez déployé dans la chaire de Rhétorique toutes les ressources de votre ardente nature, de votre brillante imagination, tous les trésors de votre foi et de votre zèle, d'une science acquise par un travail infatigable. Qui dira le nombre de prêtres, d'hommes du monde haut placés dans la société, qui ont puisé à la source féconde de votre éloquence une vie intellectuelle dont ils goûtent aujourd'hui les ineffables douceurs et les salutaires énergies !

« Votre amour inné pour les beaux arts, votre savoir-faire ont donné aux fêtes du Petit Séminaire une splendeur incomparable. Vous n'avez pu mériter qu'un reproche dans les jours de travaux extraordinaires, c'était de prodiguer vos forces et d'abuser de votre santé ; mais vous avez dit avec saint Augustin : Quand on aime passionnément un travail, la fatigue ne compte pour rien.

« Que n'aviez-vous, cher confrère, des ressources égales à votre talent ! Que de prodiges d'art vous auriez laissés au Petit Séminaire ! Mais la Providence, toujours disposée à servir les hommes d'initiative, y a pourvu, et Abbeville jouira longtemps de vos travaux de restauration de l'église Saint-Gilles et des éclatantes décorations dont vous l'avez ornée.

« Il ne m'appartient pas de toucher aux grandes choses de votre ministère paroissial. Je finis en répétant le vœu tant de fois exprimé : Vivez, vivez longtemps encore, pour le bonheur de vos enfants spirituels, pour la ville à laquelle vous laisserez de si beaux souvenirs. »

Monsieur le comte de Galametz se lève ensuite pour offrir à Monsieur le Curé les vœux du Conseil de fabrique :

« Monsieur le Curé,

« Notre divin Maître, dont vous êtes ici le représentant, se trouvait un jour, dit le saint Évangile, entouré de ses disciples et suivi de cette foule curieuse de miracles et de prodiges. Le Sauveur lui annonça alors la parabole du Maître de la vigne, et lui fit sentir la joie de l'ouvrier de la onzième heure, payé du même denier que ceux des heures précédentes.

« Aujourd'hui, en cette solennité, votre Conseil de fabrique n'est-il pas l'ouvrier de la onzième heure ? Car il est le dernier à vous exprimer ses souhaits, non pas qu'il puisse dire, comme les ouvriers de la vigne, que personne ne l'a convié, *quia nemo nos conduxit*, mais parce qu'il a cru devoir laisser la première place à vos frères dans le sacerdoce. Si jusqu'ici le même denier, un accueil si sympathique a été donné par vous à ceux qui ont déjà pris la parole, permettez-moi d'espérer pour le Conseil de fabrique de l'église Saint-Gilles la même rémunération. Elle serait le souvenir que, dans son filial attachement à votre personne, il serait heureux d'emporter de cette véritable réunion de famille.

« Depuis votre arrivée dans cette paroisse, le Conseil de fabrique a compté avant nous de nombreux représentants, qui tous vous ont donné leur concours avec le plus généreux dévouement. Comme leurs devanciers, les successeurs en exercice vous assurent de la même volonté et vous expriment les vœux qui, sans témérité aucune, auraient été ceux de leurs prédécesseurs.

« Puissions-nous travailler encore longtemps avec notre digne Pasteur à l'administration de la paroisse !

« Puisse votre santé, Monsieur le Curé, se maintenir et vous permettre la réalisation de vos désirs pour la sanctification de vos paroissiens !

« Puissiez-vous voir l'achèvement du décor de Saint-Gilles qui est déjà l'admiration de tous !

« Tels sont, Monsieur le Curé, les souhaits du Conseil de fabrique, en ce jour mémorable pour la paroisse.

« *Ad multos annos !* »

Le clergé paroissial se fait entendre à son tour par l'organe de Monsieur l'abbé Mille, qui avait composé pour la circonstance ce charmant sonnet :

Père, qu'il était beau le jour plein d'espérance
Qui te vit consacrer ministre du Seigneur !
Ton âme en a gardé la douce souvenance
Et son nom est gravé pour toujours dans ton cœur.

Cinquante ans ont passé... Mais avec confiance
Tu les peux contempler devant Dieu sans terreur ;
Tes jours n'ont point connu la moindre défaillance ;
Ton cœur a conservé sa première ferveur.

De la Maison de Dieu ton âme s'est éprise :
Il est dans la cité plus d'une belle église,
Mais il n'est qu'un Saint-Gille, et c'est toi qui l'as fait.

Nous t'aimerons encore de nombreuses années.
Et toi, puisses-tu dire au soir de tes journées :
« Je suis heureux par vous !... » C'est tout notre souhait.

Enfin, un tout petit homme, Robert Lesur, âgé

de six ans et demi, petit neveu de Monsieur le Curé et élève du pensionnat des Frères de Saint-Omer, débite, non sans quelque émotion, cet ingénieux acrostiche :

C inquante ans de prêtrise amènent ce beau jour :
H onneur à votre élu ! doux Jésus, Dieu d'amour.
A votre œuvre divine il consacre sa vie,
R echerchant la brebis que l'on vous a ravie.
L e monde méconnait les trésors de son cœur
E t, rien qu'à son aspect, il se trouble, il a peur !
M ais le prêtre, ô Jésus ! ministre de vos grâces,
A tous voudrait apprendre à marcher sur vos traces.
G randeurs, puissance et gloire, il méprise ces biens.
N on ! Qu'à ses soins nombreux répondent les chrétiens,
E t le prêtre, pour eux, n'aura plus de menaces.

M ondains ! il n'a qu'un but : vous conduire au bonheur.
A vous cet acrostiche, oncle cher à mon cœur.
R ecevez-le, pour tous, d'un neveu qui vous aime ;
T out heureux près de vous, dans une joie extrême,
I l m'est doux de vous dire, en vous offrant ces vers :
N otre cœur est pour vous plus grand que l'univers.

A tant de vœux, exprimés sous des formes si variées, Monsieur le Curé répond de la manière la plus heureuse ; il trouve pour chacun un mot flatteur et plein d'à-propos :

Monsieur le Doyen du Chapitre, qui a publié sur Saint-Riquier une œuvre magistrale, est un nouveau Bénédictin, qui pourra dire comme le poëte :

Exegi monumentum ære perennius.

Le Conseil de fabrique est assuré de recevoir le même salaire que les autres ouvriers, un merci non moins affectueux. Monsieur le Curé porte un toast spécial à Madame la Comtesse de Galametz pour le rétablissement de sa santé, et à Monsieur le Comte, qui lui-même célèbre en ce jour l'anniversaire de sa naissance.

Monsieur l'abbé Mille est toujours le poëte au vers facile et délicat.

Le jeune Robert Lesur promet une brillante carrière, et son grand-oncle forme des vœux pour que ce cher enfant lui succède un jour au service de Dieu et de l'Eglise.

Encore un merci du cœur, à tous les confrères et amis présents, et en particulier à Monsieur Delepierre, qui rend tant de services à la population ouvrière d'Abbeville, qui se plaît à nous prêter son excellente musique dans nos fêtes solennelles, et dont le monde entier va bientôt admirer les magnifiques travaux envoyés à l'Exposition.

Enfin un dernier toast à tous les parents et amis, présents et absents.

Et tous les convives de redire :

Ad multos annos !

Le soir, Monsieur le Curé, pour terminer cette belle journée, chantait les Vêpres et le Salut, et tous, du fond de notre âme, nous disions à Dieu le chant de la reconnaissance, le *Te Deum*, pour le remercier des douces émotions et des grâces précieuses d'une si touchante cérémonie. Espérons que le ciel daignera ratifier tous les vœux formés en ce grand jour !

Une telle fête se présente trop rarement dans les annales d'une paroisse, pour que nous n'ayons pas eu le désir légitime d'en perpétuer la mémoire ; c'est la pensée qui a dicté ces quelques pages ; elles n'ont pas d'autre prétention que de rappeler de temps en temps aux nombreux amis de Monsieur le Curé de Saint-Gilles le souvenir d'un beau jour !

. . . . . et hæc olim meminisse juvabit !

C. 7930. — Abbeville, imprimerie C. Paillart.